RÉPERTOIRE

DE TOUTES LES

CONTRAVENTIONS

EN

MATIÈRE DE SIMPLE POLICE

AVEC

L'Indication & le Texte des Lois Pénales,

PAR

Maximilien BERLIER

Commissaire de Police des Communes suburbaines de Brest

A LAMBÉZELLEC

(FINISTÈRE).

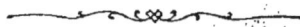

BREST

CHEZ J. ROBERT, LIBRAIRE, RUE SAINT-YVES, 41.

—

1870

RÉPERTOIRE

Abréviations.

Art. — Article.

Bull. Civ., III, 27. — Bulletin civil de la Cour de cassation, tome 3, page 27.

Bull. crim., X, 509. — Bulletin criminel de la Cour de cassation, tome 10, page 509.

Cass. — Arrêt de la Cour de cassation.

Code d'Inst. crim. — Code d'instruction criminelle.

Sir., IV, 1, 27. — Sirey, tome 4, 1re partie, page 27.

Tit. — Titre.

L. — Loi.

Déc. — Décret.

Cod. F. — Code Forestier.

Ord. — Ordonnance.

RÉPERTOIRE

DE TOUTES LES

CONTRAVENTIONS

EN

MATIÈRE DE SIMPLE POLICE

AVEC

L'Indication & le Texte des Lois Pénales,

PAR

Maximilien BERLIER

Commissaire de Police des Communes suburbaines de Brest

A LAMBÉZELLEC

(FINISTÈRE).

BREST

IMPRIMERIE J.-P. GADREAU, RUE DE LA RAMPE, 55.

—

1870

RÉPERTOIRE.

Nature des Contraventions.	PAGES.

Nature des Contraventions.	PAGES.

Nature des Contraventions.	PAGES.

CODE PÉNAL

LIVRE TROISIÈME.

ARTICLE 283.

Toute publication ou distribution d'ouvrages, écrits, avis, bulletins, affiches, journaux, feuilles périodiques ou autres imprimés dans lesquels ne se trouvera pas l'indication vraie des noms, profession et demeure de l'auteur ou de l'imprimeur, sera, pour ce seul fait, punie d'un emprisonnement de six jours à six mois, contre toute personne qui aura sciemment contribué à la publication ou distribution.

ARTICLE 284.

Cette disposition sera réduite à des peines de simple police :

— 1° A l'égard des crieurs, afficheurs, vendeurs ou distributeurs, qui auront fait connaître la personne de laquelle ils tiennent l'écrit imprimé ;

2° A l'égard de quiconque aura fait connaître l'imprimeur ;

3° A l'égard même de l'imprimeur qui aura fait connaître l'auteur.

ARTICLE 287.

Toute exposition ou distribution de chansons, pamphlets , figures ou images contraires aux bonnes mœurs, sera punie d'une amende de seize francs à cinq cents francs, d'un emprisonnement d'un mois à un an, et de la confiscation des planches et des exemplaires imprimés ou gravés de chansons, figures ou autres objets du délit.

ARTICLE 288.

La peine d'emprisonnement et l'amende prononcées par l'article précédent seront réduites à des peines de simple police :

1° A l'égard des crieurs, vendeurs ou distributeurs qui auront fait connaître la personne qui leur a remis l'objet du délit ;

2° A l'égard de quiconque aura fait connaître l'imprimeur ou le graveur ;

3° A l'égard même de l'imprimeur ou du graveur, qui auront fait connaître l'auteur ou la personne qui les aura chargés de l'impression ou de la gravure.

ARTICLE 463.

Dans les cas où la peine de l'emprisonnement et celle de l'amende sont prononcées par le code pénal, si les circonstances paraissent atténuantes, les tribunaux correctionnels sont autorisés, même en cas de récidive, à réduire l'emprisonnement même au-dessous de six jours, et l'amende même au-dessous de seize francs ; ils pourront aussi prononcer séparément l'une ou l'autre de ces peines, et même substituer l'amende à l'emprisonnement, sans qu'en aucun cas elle puisse être au-dessous des peines de simple police.

LIVRE QUATRIÈME.

Contraventions de Police et Peines.

CHAPITRE PREMIER. — Des Peines.

ARTICLE 464.

Les peines de police sont : l'emprisonnement, l'amende, et la confiscation de certains objets saisis.

ARTICLE 465.

L'emprisonnement pour contravention de police ne pourra être moindre d'un jour, ni excéder cinq jours, selon les classes , distinctions et cas ci-après spécifiés. — Les jours d'emprisonnement sont des jours complets de vingt-quatre heures.

ARTICLE 466.

Les amendes pour contraventions pourront être prononcées depuis un franc jusqu'à quinze francs inclusivement, selon les distinctions et classes ci-après spécifiées, et seront appliquées au profit de la commune où la contravention aura été commise.

ARTICLE 467.

La contrainte par corps a lieu pour le paiement de l'amende. Néanmoins, le condamné ne pourra être, pour cet objet, détenu plus de quinze jours, s'il justifie de son insolvabilité.

ARTICLE 468.

En cas d'insuffisance des biens, les restitutions et les indemnités dues à la partie lésée sont préférées à l'amende.

ARTICLE 469.

Les restitutions, indemnités et frais entraîneront la contrainte par corps, et le condamné gardera prison jusqu'à parfait paiement. Néanmoins si ces condamnations sont prononcées au profit de l'Etat, les condamnés pourront jouir de la faculté accordée par l'article 467, dans le cas d'insolvabilité prévu par cet article.

ARTICLE 470.

Les tribunaux de police pourront aussi, dans les cas déterminés par la loi, prononcer la confiscation, soit des choses saisies en contravention, soit des choses produites par la contravention, soit des matières ou des instruments qui ont servi ou étaient destinés à la commettre.

CHAPITRE II.
Contraventions et Peines.

SECTION I. — PREMIÈRE CLASSE.

ARTICLE 471.

Seront punis d'amende depuis un franc jusqu'à cinq francs inclusivement :

— 1. Ceux qui auront négligé d'entretenir, réparer ou nettoyer les fours, cheminées ou usines où l'on fait usage du feu.

— 2. Ceux qui auront violé la défense de tirer, en certains lieux, des pièces d'artifice.

— 3. Les aubergistes et autres qui, obligés à l'éclairage, l'auront négligé ; ceux qui auront négligé de nettoyer les rues ou passages dans les communes où ce soin est laissé à la charge des habitants.

— 4. Ceux qui auront embarrassé la voie publique, en y déposant ou en y laissant sans nécessité des matériaux ou des choses quelconques qui empêchent ou diminuent la liberté ou la sûreté du passage ; ceux qui, en contravention aux lois et règlements, auront négligé d'éclairer les matériaux par eux entreposés ou les excavations par eux faites dans les rues et places.

— 5. Ceux qui auront négligé ou refusé d'exécuter les règlements ou arrêtés concernant la petite voirie, ou d'obéir à la sommation émanée de l'autorité administrative, de réparer ou démolir les édifices menaçant ruine.

— 6. Ceux qui auront jeté ou exposé au-devant de leurs édifices des choses de nature à nuire par leur chute ou par des exhalaisons insalubres.

— 7. Ceux qui auront laissé dans les rues, chemins, places, lieux publics, ou dans les champs, des coutres de charrue, pinces, barres, barreaux, ou autres machines, ou instruments, ou armes dont puissent abuser les voleurs et autres malfaiteurs.

— 8. Ceux qui auront négligé d'échenniller dans les campagnes ou jardins où ce soin est prescrit par la loi ou les règlements.

— 9. Ceux qui, sans autre circonstance prévue par les lois, auront cueilli ou mangé, sur le lieu même, des fruits appartenant à autrui.

— 10. Ceux qui, sans autre circonstance, auront glané, ratelé ou grappillé dans les champs non encore dépouillés et vidés de leurs récoltes, ou avant le moment du lever ou après celui du coucher du soleil.

— 11. Ceux qui, sans avoir été provoqués, auront proféré contre quelqu'un des injures autres que celles prévues depuis l'article 367 jusques et compris l'article 378.

— 12. Ceux qui imprudemment auront jeté des immondices sur quelque personne.

— 13. Ceux qui, n'étant ni propriétaires, ni usufruitiers, ni locataires, ni fermiers, ni jouissant d'un terrain ou d'un droit de passage, ou qui n'étant agents ni préposés d'aucune de ces personnes, seront entrés et auront passé sur ce terrain, ou sur partie de ce terrain, s'il est préparé ou ensemencé.

— 14. Ceux qui auront laissé passer leurs bestiaux ou bêtes de trait, de charge ou de monture sur le terrain d'autrui avant l'enlèvement de la récolte.

— 15. Ceux qui auront contrevenu aux règlements légalement faits par l'autorité administrative, et ceux qui ne se seront pas conformés aux règlements ou arrêtés publiés par l'autorité municipale, en vertu des articles 3 et 4 titre XI de la loi du 16-24 août 1790, et de l'article 46, titre Ier de la loi du 19-22 juillet 1791.

ARTICLE 472.

Seront en outre confisqués les pièces d'artifice saisies dans le cas N° 2 de l'article 471, les coutres, les instruments et les armes mentionnés dans le N° 7 du même article.

ARTICLE 473.

La peine d'emprisonnement pendant trois jours au plus, pourra de plus être prononcée, selon les circonstances, contre ceux qui auront tiré des pièces d'artifice, contre ceux

qui auront glané , ratelé ou grappillé en contravention au N° 10 de l'article 471.

ARTICLE 474.

La peine d'emprisonnement contre les personnes mentionnées en l'article 471 aura toujours lieu, en cas de récidive , pendant trois
jours au plus.

SECTION II. — DEUXIÈME CLASSE.

ARTICLE 475.

Seront punis d'amende depuis six francs
jusqu'à dix francs inclusivement :

— 1. Ceux qui auront contrevenu aux bancs
de vendanges ou autres bancs autorisés par les
règlements.

— 2. Les aubergistes, hôteliers, logeurs ou
loueurs de maisons garnies, qui auront négligé
d'inscrire de suite et sans aucun blanc, sur le
registre tenu régulièrement, les noms, qualités,
domicile habituel , dates d'entrée et de sortie
de toute personne qui aurait couché ou passé
une nuit dans leurs maisons ; ceux d'entr'eux

qui aurait manqué à présenter ce registre aux époques déterminées par les règlements ou lorsqu'ils en auraient été requis, aux maires, adjoints, officiers ou commissaires de police, ou aux citoyens commis à cet effet, le tout sans préjudice des cas de responsabilité mentionnés en l'article 73 du présent Code, relativement aux crimes ou aux délits de ceux qui, ayant logé ou séjourné chez eux, n'auraient pas été régulièrement inscrits.

—3. Les rouliers, charretiers, conducteurs de voitures quelconques ou de bêtes de charge, qui auraient contrevenu aux règlements par lesquels ils sont obligés de se tenir constamment à portée de leurs chevaux, bêtes de trait ou de charge, et de leurs voitures, en état de les guider et conduire, d'occuper un seul côté des rues, chemins ou voies publiques, de se détourner ou ranger devant toutes voitures, et, à leur approche, de leur laisser libre au moins la moitié des rues, chaussées, routes et chemins (*Voir* **Roulage**).

—4. Ceux qui auront fait ou laissé courir les

chevaux, bêtes de trait, de charge ou de monture, dans un lieu habité, ou violé les règlements contre le chargement, la rapidité ou la mauvaise direction des voitures ; ceux qui contreviendront aux dispositions des ordonnances et règlements ayant pour objet : la solidité des voitures publiques ; leur poids ; le mode de leur chargement ; le nombre et la sûreté des voyageurs ; l'indication dans l'intérieur des voitures des places qu'elles contiennent et du prix des places ; l'indication, à l'extérieur, du nom du propriétaire (*Voir* **Roulage**),

— 5. Ceux qui auront établi ou tenu dans les rues, chemins, places ou lieux publics, des jeux de loterie ou d'autres jeux de hasard.

— 6. *Abrogé.*

— 7. Ceux qui auraient laissé divaguer des fous ou des furieux étant sous leur garde, ou des animaux malfaisants ou féroces ; ceux qui auront excité ou n'auront pas retenu leurs chiens lorsqu'ils attaquent ou poursuivent les passants, quand même il n'en serait résulté aucun mal ni dommage.

— 8. Ceux qui auraient jeté des pierres ou d'autres corps durs ou des immondices contre les maisons, édifices et clôtures d'autrui, ou dans les jardins ou enclos, et ceux aussi qui auraient volontairement jeté des immondices ou des corps durs sur quelqu'un.

— 9. Ceux qui n'étant pas propriétaires, usufruitiers, ni jouissant d'un terrain ou d'un droit de passage, y sont entrés et y ont passé dans le temps où ce terrain était chargé de graines en tuyau, de raisins ou autres fruits mûrs ou voisins de la maturité.

— 10. Ceux qui auraient fait ou laissé passer des bestiaux, animaux de trait, de charge ou de monture, sur le terrain d'autrui, ensemencé ou chargé d'une récolte, en quelque saison que ce soit, ou dans un bois taillis appartenant à autrui.

— 11. Ceux qui auraient refusé de recevoir les espèces de monnaies nationales, non fausses ni altérées, selon la valeur pour laquelle elles ont cours.

— 12. Ceux qui, le pouvant, auront refusé ou

négligé de faire les travaux, le service, ou de prêter le secours dont ils auront été requis, dans les circonstances d'accidents, tumulte, naufrage, inondation, incendie ou autres calamités, ainsi que dans les cas de brigandages, pillages, flagrant délit, clameur publique ou d'exécution judiciaire.

— 13. Les personnes désignées aux articles 284 et 288 du présent Code (*Voir* page 999).

— 14. *Abrogé.*

— 15. Ceux qui dérobent, sans aucune des circonstances prévues en l'article 588, des récoltes ou autres productions utiles de la terre qui, avant d'être soustraites, n'étaient pas encore détachées du sol.

ARTICLE 476.

Pourra, suivant les circonstances, être prononcé outre l'amende portée en l'article précédent, l'emprisonnement pendant trois jours au plus, contre les rouliers, charretiers, voituriers et conducteurs en contravention ; contre ceux qui auront contrevenu aux règlements ayant pour objet, soit la rapidité, la mauvaise direction ou le chargement des voitures ou des animaux, soit la solidité des voitures publiques, leur poids, le mode de leur chargement, le nombre et la sûreté des voyageurs (*Voir* **Roulage**) ; contre les vendeurs et débitants de boissons falsifiées *(Abrogé)* ; contre ceux qui auraient jeté des corps durs ou des immondices.

ARTICLE 477.

Seront saisis et confisqués :

— 1. Les tables, instruments, appareils des jeux ou loteries établis dans les rues, chemins et voies publiques, ainsi que les enjeux, les fonds, denrées, objets ou lots proposés aux joueurs, dans le cas de l'article 475.

— 2. Les boissons *(Abrogé)*

— 3. Les écrits ou gravures contraires aux mœurs, ces objets seront mis sous le pilon.

— 4. Les comestibles *(Abrogé)*.

ARTICLE 478.

La peine d'emprisonnement pendant cinq jours au plus sera toujours prononcée, en cas

de récidive , contre toutes les personnes mentionnées dans l'article 475. — Les individus
mentionnés au N° 5 du même article qui seraient repris pour le même fait en état de récidive , seront traduits devant le tribunal de
police correctionnelle , et punis d'un emprisonnement de six jours à un mois , et d'une
amende de seize francs à deux cents francs.

SECTION III. — TROISIÈME CLASSE.

ARTICLE 479.

Seront punis d'une amende de onze à quinze
francs inclusivement :

— 1. Ceux qui, hors les cas prévus depuis
l'article 434 jusques et compris l'article 462,
auront volontairement causé du dommage aux
propriétés mobilières d'autrui.

— 2. Ceux qui auront occasionné la mort ou
la blessure des animaux ou bestiaux appartenant à autrui, par l'effet de la divagation des
fous ou furieux, ou d'animaux malfaisants ou
féroces, ou par la rapidité ou la mauvaise direction, ou le chargement excessif des voitures,

chevaux, bêtes de trait, de charge ou de mon
ture.

— 3. Ceux qui auront occasionné les mêmes
dommages par l'emploi ou l'usage d'armes sans
précaution ou avec maladresse, ou par jet de
pierres ou d'autres corps durs.

— 4. Ceux qui auront causé les mêmes accidents par la vétusté, la dégradation, le défaut de réparation ou d'entretien des maisons
ou édifices, ou par l'encombrement ou l'excava-
tion, ou telles autres œuvres , dans ou près
les rues , chemins, places ou voies publiques,
sans les précautions ou signaux ordonnés ou
d'usage.

— 5. *(Abrogé).*

— 6. Ceux qui emploieront des poids ou des
mesures différents de ceux qui sont établis par
les lois en vigueur ; les boulangers et bouchers
qui vendront le pain ou la viande au-delà du
prix fixé par la taxe légalement faite et publiée.

— 7. Les gens qui font métier de deviner et
pronostiquer, ou d'expliquer les songes.

— 8. Les auteurs ou complices de bruits ou

tapages injurieux ou nocturnes troublant la tranquillité des habitants.

— 9. Ceux qui auront méchamment enlevé ou déchiré les affiches apposées par ordre de l'administration.

— 10. Ceux qui mèneront sur le terrain d'autrui des bestiaux, de quelque nature qu'ils soient, et notamment dans les prairies artificielles, dans les vignes, oseraies, dans les plans de capriers, dans ceux d'oliviers, de mûriers, de grenadiers, d'orangers, et d'arbres du même genre, dans tous les plans et pépinières d'arbres fruitiers ou autres, faits de main d'homme.

— 11. Ceux qui auront dégradé ou détérioré, de quelque manière que ce soit, les chemins publics, ou usurpé sur leur largeur.

— 12. Ceux qui, sans y être dûment autorisés, auront enlevé des chemins publics les gazons, terres ou pierres, ou qui, dans les lieux appartenant aux communes auraient enlevé les terres ou matériaux, à moins qu'il n'existe un usage général qui l'autorise.

ARTICLE 480.

Pourra, selon les circonstances, être prononcée la peine d'emprisonnement pendant cinq jours au plus :

— 1. Contre ceux qui auront occasionné la mort ou la blessure des animaux ou bestiaux appartenant à autrui, dans les cas prévus par le N° 3 du précédent article.

— 2. *(Abrogé)*.

— 3. Contre ceux qui emploient des poids et des mesures différents de ceux que la loi en vigueur a établis ; contre les boulangers et bouchers, dans les cas prévus par le paragraphe 6 de l'article précédent.

— 4. Contre les interprètes de songes.

— 5. Contre les auteurs ou complices de bruits ou tapages injurieux ou nocturnes.

ARTICLE 481.

Seront, de plus, saisis et confisqués :

— 1. Les poids et les mesures différents de ceux que la loi a établis.

— 2. Les instruments, ustensiles et costu-

mes servant ou destinés à l'exercice du métier de devin, pronostiqueur ou interprète de
songes.

ARTICLE 482.

La peine d'emprisonnement pendant cinq
jours aura toujours lieu, pour récidive, contre
les personnes et dans les cas mentionnés en
l'article 479.

*Disposition commune aux trois sections
ci-dessus.*

ARTICLE 483.

Il y a récidive dans tous les cas prévus par le
présent livre, lorsqu'il a été rendu contre le contrevenant, dans les douze mois précédents, un
premier jugement pour contravention de police
commise dans le ressort du même tribunal. —
L'article 463 du présent Code sera applicable à
toutes les contraventions ci-dessus indiquées.

Disposition générale.

ARTICLE 484.

Dans toutes les matières qui n'ont pas été réglées par le présent Code et qui sont régies par
des lois et règlements particuliers, les cours et
les tribunaux continueront de les observer.

DIVERSES LOIS PÉNALES.

Mauvais traitements envers les animaux.
Loi du 2 Juillet 1850.

ARTICLE UNIQUE.

Seront punis d'une amende de cinq à quinze francs, et pourront l'être d'un à cinq jours de prison, ceux qui auront exercé publiquement et abusivement des mauvais traitements envers les animaux domestiques. — La peine de la prison sera toujours appliquée en cas de récidive.

Loi sur la Police rurale.
Du 28 Septembre — 6 Octobre 1791.

TITRE II. — DE LA POLICE RURALE.

ARTICLE PREMIER.

La police des campagnes est spécialement

sous la juridiction des juges de paix et des officiers municipaux , et sous la surveillance des
gardes-champêtre et de la gendarmerie na-
tionale.

ARTICLE 12.

Les dégâts que les bestiaux de toute espèce,
laissés à l'abandon , feront sur les propriétés
d'autrui, soit dans l'enceinte des habitations,
soit dans un enclos rural, soit dans les champs
ouverts, seront payés par les personnes qui ont
la jouissance des bestiaux ; si elles sont insol-
vables, ces dégâts seront payés par celles qui
en ont la propriété. Le propriétaire qui éprouvera les dommages, aura le droit de saisir les
bestiaux , sous l'obligation de les faire conduire , dans les vingt-quatre heures, au lieu
du dépôt qui sera désigné à cet effet par la municipalité. — Il sera satisfait aux dégâts par la
vente des bestiaux, s'ils ne sont pas réclamés,
ou si le dommage n'a point été payé dans la
huitaine du jour du délit. Si ce sont des volailles, de quelque espèce que ce soit, qui causent
le dommage, le propriétaire, le détenteur ou le

fermier qui l'éprouvera, pourra les tuer, mais seulement sur le lieu au moment du dégât (1).

---

(1) Lorsque des animaux ont pénétré sur des propriétés rurales appartenant à autrui et y ont fait du dommage, il faut distinguer si ces animaux étaient en état d'abandon ou s'ils ont été introduits volontairement ; au deuxième cas, le fait peut donner lieu à une action correctionnelle ; au premier cas, il n'y a lieu qu'à action en simple police. (Cass., 31 décembre 1818, Sir., XIX, 1, 154). — L'introduction de bestiaux sur le terrain d'autrui constitue un délit de la compétence exclusive du tribunal correctionnel, lorsque le plaignant ne fixe pas la valeur du dommage par lui éprouvé à moins de quinze francs. (Cass., 1er août 1818, Sir., XIX 1, 153).

L'abandon d'animaux sur une terre ensemencée est un fait qui rentre, quant à sa répression, dans les cas prévus par l'article 12, titre II, de la loi du 28 septembre 1791 ; les tribunaux ne peuvent donc, sous prétexte qu'un tel fait n'a pas été qualifié par la loi, renvoyer les prévenus des poursuites. (Cass., 18 septembre 1829, Sir., XXIX, 1, 426 ; *Bull. crim.*, XXXIV, 553. — Le propriétaire de volailles qui, les laissant à l'abandon, souffre qu'elles aillent à dommage dans les champs d'autrui, est passible d'une amende ; il n'en est pas quitte pour supporter que le propriétaire du champ endommagé tue les volailles sur son héritage ; et par suite il y a lieu à action, soit de la part de ce propriétaire, soit de la part du ministère public. (Cass., 18 novembre 1824, Sir., XXV, 1, 131 ; *Bull. crim.*,

ARTICLE 13.

Les bestiaux morts seront enfouis dans la journée, à quatre pieds de profondeur, par le propriétaire et dans son terrain, ou voiturés à l'endroit désigné par la municipalité, pour y être également enfouis, sous peine par le délinquant de payer une amende de la valeur d'une journée de travail et les frais de transport et d'enfouissement.

XXIX, 511, et plusieurs autres arrêts). — Lorsque les bestiaux laissés à l'abandon se sont introduits sur une propriété rurale, susceptible d'endommagement, il y a délit et par conséquent lieu à l'application des dispositions pénales, encore que le procès-verbal constate qu'il n'a été commis aucun dégât. (Cass., 15 février 1811, Sir., XI, 1, 187 ; *Bull. crim.*, XVI, 41. — Les dégâts que les bestiaux à l'abandon font sur les propriétés d'autrui, sont punissables, alors même que la propriété n'a été endommagée qu'à défaut de clôture usitée et obligée. (Cass., 16 juillet 1824, Sir., XXIV, 1, 395 ; *Bull. crim.*, XXIX, 278). — Les propriétaires de bestiaux trouvés en délit dans les bois, sont personnellement passibles de l'amende prononcée contre le délit, non-seulement au cas où les bestiaux étaient à l'abandon, mais encore au cas où ils étaient placés sous la garde d'un berger. (Cass., 3 novembre 1832, Sir., XXXIII, 1, 502 ; *Bull. crim.*, XXXVII, 608).

ARTICLE 15.

Personne ne pourra inonder l'héritage de son voisin, ni lui transmettre volontairement les eaux d'une manière nuisible , sous peine de payer le dommage et une amende qui ne pourra excéder la somme du dédommagement (1).

---

(1) *Voyez* l'article 457 du Code pénal. — Le propriétaire d'un étang qui élève les eaux à une trop grande hauteur, et par là occasionne une inondation, est non-seulement responsable , mais encore punissable , bien que l'inondation ne provienne pas de la trop grande élévation du déversoir : en ce cas, il y a lieu d'appliquer, non l'article 457 du Code pénal, mais l'article 15 titre II , de la loi du 28 septembre — 6 octobre 1791. (Cass., 23 janvier 1819, Sir., XIX, 1, 176 ; *Bull. cr.*, XXIV, 27.— Le propriétaire d'un moulin, qui inonde le champ voisin , est non-seulement responsable du dommage, mais encore punissable d'amende, aux termes du même article, bien qu'il n'existe pas de règlement sur la hauteur des eaux. (Cass., 4 novemb., 1824, Sir., 1, 90 ; *Bull. crim.*, XXIX, 468). — Jugé encore que , même en l'absence de tout règlement sur la hauteur des eaux, le propriétaire d'une usine supérieure est recevable et fondé à réclamer des dommages-intérêts contre le propriétaire d'une usine inférieure , à raison du préjudice que lui fait éprouver le refoulement des eaux. (Cass. , 5 mars 1833 , Sir. , XXXIII, 1, 470 ; *Bull. civ.*, XXXV, 45). — L'article 457 du Code pén.

Loi du 24 Thermidor an IV.

ARTICLE 2.

La peine d'une amende de la valeur d'une journée de travail , ou d'un jour d'emprisonnement fixée comme la moindre par l'article 606 du Code des délits et des peines , ne

n'est applicable que dans le cas où il y a règlement administratif sur la hauteur des eaux, et infraction au règlement. (Cass., 2 février 1816, Sir., XXV, 1, 82 ; *Bull. crim.*, XXI, 15.

La loi qui défend d'inonder l'héritage de son voisin, n'est pas violée par cela seul qu'on a fait une construction qui peut occasionner, au cas de crue des eaux, l'inondation de l'héritage. (Cass., 16 Frimaire, an XIV, Sir., VI ; *Bull. crim.*, X, 476).

L'inondation d'une rue, provenant de ce que les vannes d'un moulin n'ont pas été levées au moment convenable , ne peut être considérée comme simple embarras de la voie publique , dans le sens de l'article 474, n° 4 du Code pénal ; ce fait rentre dans le cas prévu par l'article 15, titre II , de la loi du 28 septembre — 6 octobre 1791, et peut être puni d'une amende égale au dommage. (Cass., 15 janv. 1825, Sir., XXV, 1, 277 ; *Bull. crim.*, XXX, 19).

pourra, pour tout délit rural et forestier, être au-dessous de trois journées de travail et de trois jours d'emprisonnement.

Contrats d'Apprentissage.

Loi du 22 Février 1851.

ARTICLE 4.

Nul ne peut recevoir des apprentis mineurs s'il n'est âgé de ving-et-un ans au moins.

ARTICLE 5.

Aucun maître, s'il est célibataire ou en état de veuvage, ne peut loger comme apprenties des jeunes filles mineures.

ARTICLE 6.

Sont incapables de recevoir des apprentis : — Les individus qui ont subi une condamnation pour crime ; — ceux qui ont été condamnés pour attentat aux mœurs ; — ceux qui ont été

condamnés à plus de trois mois d'emprisonnement pour les délits prévus par les articles 388,
401, 405, 406, 407, 408, 423 du code pénal.

ARTICLE 9.

La durée du travail effectif des apprentis âgés
de moins de quatorze ans ne pourra dépasser
dix heures par jour. — Pour les apprentis âgés
de quatorze à seize ans, elle ne pourra dépasser douze heures. — Aucun travail de nuit ne
peut être imposé aux apprentis âgés de moins
de seize ans. — Est considéré comme travail de
nuit tout travail fait entre neuf heures du soir
et cinq heures du matin. Les dimanches et jours
de fêtes reconnues ou légales, les apprentis,
dans aucun cas, ne peuvent être tenus, vis-à-
vis de leurs maîtres, à aucun travail de leur
profession. — Dans le cas où l'apprenti serait
obligé, par suite des conventions ou conformément à l'usage, de ranger l'atelier aux jours
ci-dessus marqués, ce travail ne pourra se pro-
longer au-delà de dix heures du matin. — Il ne
pourra être dérogé aux dispositions contenues

dans les trois premiers paragraphes du présent article que par un arrêté rendu par le Préfet sur la proposition du Maire.

ARTICLE 10.

Si l'apprenti âgé de moins de seize ans ne sait pas lire, écrire et compter, ou s'il n'a pas encore terminé sa première éducation religieuse, le maître est tenu de lui laisser prendre, sur la journée de travail, le temps et la liberté nécessaires pour son instruction. — Néanmoins, ce temps ne pourra pas excéder deux heures par jour.

ARTICLE 20.

Toute contravention aux articles 4, 5, 6, 9 et 10 de la présente loi sera poursuivie devant le tribunal de police et punie d'une amende de cinq à quinze francs. — Pour les contraventions aux articles 4, 5, 9 et 10, le tribunal de police pourra, dans le cas de récidive, prononcer, outre l'amende , un emprisonnement d'un à cinq jours. — En cas de récidive, la contravention à l'article 6 sera poursuivie devant les tribunaux correctionnels, et punie d'un emprisonnement de quinze jours à trois mois , sans préjudice d'une amende qui pourra s'élever de cinquante francs à trois cents francs.

Audiences de la Justice de Paix
(IRRÉVÉRENCE AUX)
Code d'Instruction criminelle.

ARTICLE 504.

Lorsque, à l'audience ou en tout autre lieu où se fait publiquement une instruction judiciaire, l'un ou plusieurs des assistants donneront des signes publics soit d'approbation, soit d'improbation, ou exciteront du tumulte, de quelque manière que ce soit, le président ou le juge les fera expulser ; s'ils résistent à ses ordres ou s'ils rentrent, le président ou le juge ordonnera de les arrêter et conduire dans la maison d'arrêt. Il sera fait mention de cet ordre dans le procès-verbal, et, sur l'exhibition qui en sera faite au gardien de la maison d'arrêt, les perturbateurs y seront reçus et retenus pendant vingt-quatre heures.

Bacs et Bateaux.
Loi du 6 Frimaire an VII.

ARTICLE 48.

Tous individus voyageurs , conducteurs de voitures, chevaux, bœufs ou autres animaux et marchandises passant dans les bacs , bateaux, passe-cheval, seront tenus d'acquitter les sommes portées aux tarifs.

ARTICLE 52.

Il est expressément défendu aux adjudicataires, mariniers et autres personnes employées au service des bacs et bateaux, d'exiger, dans aucun temps, autres et plus fortes sommes que celles portées aux tarifs, à peine d'être condamnées par le juge de paix du canton, soit sur la réquisition des parties plaignantes, soit sur celles des commissaires du Directoire, à la restitution des sommes indûment perçues, et en outre, par forme de simple police, à une amende qui ne pourra être moindre de la valeur d'une jour-

née de travail et d'un jour d'emprisonnement,
ni excéder la valeur de trois journées de travail et trois jours d'emprisonnement : le jugement de condamnation sera imprimé et affiché
aux frais du contrevenant. — En cas de récidive, la condamnation sera prononcée par le tribunal correctionnel, conformément à l'article
607 du code des délits et des peines.

ARTICLE 56.

Toute personne qui se soustrairait au paiement des sommes portées aux tarifs sera condamnée par le juge de paix du canton, outre
la restitution des droits, à une amende qui ne
pourra être moindre de la valeur d'une journée
de travail, ni excéder trois jours. En cas de
récidive, le juge de paix prononcera, outre l'a
mende, un emprisonnement qui ne pourra être
moindre d'un jour, ni être de plus de trois, et
l'affiche du jugement sera aux frais du contrevenant.

ARTICLE 58.

Toute personne qui aura aidé ou favorisé la

fraude, ou concouru à des contraventions aux loîs sur la police des bacs, sera condamnée aux mêmes peines que les auteurs des fraudes ou contraventions.

CODE FORESTIER.

ARTICLE 70.

Les usagers ne pourront jouir de leurs droits de pâturage et de panage que pour les bestiaux à leur propre usage, et non pour ceux dont ils font commerce, à peine d'une amende double de celle qui est prononcée par l'article 199 du précédent Code.

ARTICLE 72.

Le troupeau de chaque commune ou section de commune devra être conduit par un ou plusieurs pâtres communs, choisis par l'autorité municipale. En conséquence, les habitants des communes usagères ne pourront ni conduire

4

eux-mêmes ni faire conduire leurs bestiaux à garde séparée, sous peine de deux francs d'amende par tête de bétail. — Les porcs ou bestiaux de chaque commune ou section de commune usagère formeront un troupeau particulier et sans mélanges de bestiaux d'une autre commune ou section, sous peine d'une amende de cinq à dix francs contre le pâtre, et d'un emprisonnement de cinq à dix jours en cas de récidive. — Les communes et sections de communes seront responsables des condamnations pécuniaires qui pourront être prononcées contre lesdits pâtres ou gardiens, tant pour les délits et contraventions prévus par le présent titre que pour tous autres délits forestiers commis par eux pendant le temps de leur service et dans les limites du parcours.

ARTICLE 73.

Les porcs et bestiaux seront marqués d'une marque spéciale. — Cette marque devra être différente pour chaque commune ou section de commune usagère. — Il y aura lieu, pour chaque tête de porc ou bétail non marqué, à une amende de trois francs.

ARTICLE 75.

Les usagers mettront des clochettes au cou de tous les animaux admis au pâturage, sous peine de deux francs d'amende pour chaque bête qui sera trouvée sans clochette dans les forêts.

ARTICLE 78.

Il est défendu à tous usagers, nonobstant tout titre et possession contraire, de conduire ou faire conduire des chèvres, brebis ou moutons dans les forêts ou sur les terrains qui en dépendent, à peine, contre les propriétaires, d'une amende qui sera double de celle qui est prononcée par l'article 199, et contre les pâtres ou bergers, de quinze francs d'amende. En cas de récidive, le pâtre sera condamné, outre l'amende, à un emprisonnement de cinq à quinze jours. — Ceux qui prétendraient avoir joui du pacage ci-dessus en vertu de titres valables ou d'une possession équivalente à titre, pourront, s'il y a lieu, réclamer une indemnité qui sera réglée de gré-à-gré,

ou, en cas de contestation, par les tribunaux. —
Le pacage des moutons pourra néanmoins être
autorisé, dans certaines localités, par des ordonnances du roi.

ARTICLE 79.

Les usagers qui ont droit à la livraison des
bois, de quelque nature que ce soit, ne pourront prendre ces bois qu'après que la délivrance
leur en aura été faite par les agents forestiers,
sous les peines portées par le titre XII ci-après
pour les bois coupés en délit.

ARTICLE 80.

Ceux qui n'auront d'autre droit que celui de
prendre le bois mort, sec et gisant, ne pourront,
pour l'exercice de ce droit, se servir de crochets
ou ferrements d'aucune espèce, sous peine de
trois francs d'amende.

ARTICLE 144.

Toute extraction ou enlèvement non autorisé
de pierre, sable, minerai, terre ou gazon, tourbe,
bruyère, genêts, herbes, feuilles vertes ou mor-
tes , engrais existants sur le sol des forêts ,

glands, faînes et autres fruits ou semences des bois et forêts, donnera lieu à des amendes qui seront fixées ainsi qu'il suit ; — par charretée ou tombereau, de dix à trente francs pour chaque bête attelée ; — par chaque charge de bête de somme, de cinq à quinze francs ; — par chaque charge d'homme, de deux à six francs.

ARTICLE 147.

Ceux dont les voitures, bestiaux, animaux de charge ou de monture seront trouvés dans les forêts, hors les routes et chemins ordinaires, seront condamnés, savoir : — par chaque voiture, à une amende de dix francs pour les bois de dix ans et au-dessus, et de vingt francs pour les bois au-dessous de cet âge ; — par chaque tête ou espèce de bestiaux non attelés, aux amendes fixées pour délit de pâturage par l'article 199 ci-après. — Le tout sans préjudice aux dommages-intérêts.

ARTICLE 192.

La coupe ou l'enlèvement d'arbres ayant deux décimètres de tour et au-dessus, donnera lieu à

des amendes qui seront déterminées dans les
proportions suivantes d'après l'essence et la circonférence de ces arbres. — Les arbres sont divisés en deux classes. La première comprend les
chênes, hêtres, charmes, ormes, frênes, érables,
platanes, pins, sapins, mélèzes , châtaigniers,
noyers, alisiers, sorbiers, cormiers, merisiers, et
autres arbres fruitiers. La seconde se compose
des aulnes, tilleuls, bouleaux, trembles, peu-
pliers, saules, et de toutes les espèces non com-
prises dans la première classe. Si les arbres de
la première classe ont deux décimètres de tour,
l'amende sera de un franc par chacun de ces
deux décimètres, et s'accroîtra ensuite progressivement de dix centimes par chacun des autres
décimètres. — Si les arbres de la seconde classe
ont deux décimètres de tour, l'amende sera de
cinquante centimes par chacun de ces deux décimètres, et s'accroîtra ensuite progressivement
de cinq centimes par chacun des autres décimètres. — Le tout conformément au tableau ci-
après annexé (*Voir* page 51). La circonférence
sera mesurée à un mètre au-dessus du sol.

ARTICLE 194.

L'amende pour coupe ou enlèvement de bois qui n'auront pas deux décimètres de tour sera, pour chaque charretée, de dix francs par bête attelée, de cinq francs par chaque charge de bête de somme, et de deux francs par fagot, fouée ou charge d'homme. — S'il s'agit d'arbres semés ou plantés dans les forêts depuis moins de cinq ans, la peine sera d'une amende de trois francs par chaque arbre, quelle qu'en soit la grosseur, et en outre d'un emprisonnement de six à quinze jours.

ARTICLE 196.

Ceux qui, dans les bois et forêts, auront éhoupé, écorcé ou mutilé des arbres, ou qui en auront coupé les principales branches, seront punis comme s'ils les avaient abattus par le pied.

ARTICLE 197.

Quiconque enlèvera des chablis et bois de délit sera condamné aux mêmes amendes et restitutions que s'il les avait abattus sur pied.

ARTICLE 199.

Les propriétaires d'animaux trouvés de jour en délit dans les bois de dix ans et au-dessus seront condamnés à une amende de un franc par cochon, — deux francs pour une bête à laine, — trois francs pour un cheval ou autre bête de somme, — quatre francs pour une chèvre, — cinq francs pour un bœuf, une vache ou un veau, — L'amende sera double si les bois ont moins de dix ans ; sans préjudice, s'il y a lieu, des dommages-intérêts.

ARTICLE 201.

Les peines seront également doublées lorsque les délits ou contraventions auront été commis dans la nuit, ou que les délinquants auront fait usage de la scie pour couper les arbres sur pied.

TARIF DES AMÉNDES.

Tarif des amendes à prononcer par arbre, d'après sa grosseur et son essence (art. 192).

ARBRES DE PREMIÈRE CLASSE.			ARBRES DE SECONDE CLASSE		
Circonférence	Amende par décimètre	Amende par arbre	Circonférence	Amende par décimètre	Amende par arbre
Décimètres	fr. c.	fr. c.	Décimètres	fr. c.	fr. e.
1	» »	» »	1	» »	» »
2	1 »	2 »	2	» 50	1 »
3	1 10	3 30	3	» 55	1 65
4	1 20	4 80	4	» 60	2 40
5	1 30	6 50	5	» 65	3 25
6	1 40	8 40	6	» 70	4 20
7	1 50	10 50	7	» 75	5 25
8	1 60	12 80	8	» 80	6 40
9	1 70	15 30	9	» 85	7 65
10	1 80	18 »	10	» 90	9 »
11	1 90	20 90	11	» 95	10 45
12	2 »	24 »	12	1 »	12 »
13	2 10	27 30	13	1 05	13 65
14	2 20	30 80	14	1 10	15 40
15	2 30	34 50	15	1 15	17 25
16	2 40	38 40	16	1 20	19 20
17	2 50	42 50	17	1 25	21 25
18	2 60	46 80	18	1 30	23 40
19	2 70	51 30	19	1 35	25 65
20	2 80	56 »	20	1 40	28 »
21	2 90	60 90	21	1 45	30 45
22	3 »	66 »	22	1 50	33 50
23	3 10	71 30	23	1 55	35 65
24	3 20	76 80	24	1 60	38 40
25	3 30	82 50	25	1 65	41 25
26	3 40	88 40	26	1 70	44 20
27	3 50	94 50	27	1 75	47 25
28	3 60	100 60	28	1 80	50 40
29	3 70	104 30	29	1 85	53 65
30	3 80	114 »	30	1 90	57 50
31	3 90	120 90	31	1 95	60 45
32	4 »	128 »	32	2 »	64 »

Conventions entre Patrons et Ouvriers en matière de tissage et de bobinage.

Lois des 29 Novembre 1849 , 29 Janvier et 7 Mars 1850.

ARTICLE PREMIER.

Tout fabricant, commissionnaire ou intermédiaire qui livrera des fils pour être tissés, sera tenu d'inscrire, au moment de la livraison, sur un livret spécial, appartenant à l'ouvrier et laissé entre ses mains :

1° Le poids et la longueur de la chaîne ;

2° Le poids de la trame et le nombre de fils de trame à introduire par unité de surface de tissu ;

3° Les longueur et largeur de la pièce à fabriquer ;

4° Le prix de façon, soit au mètre de tissu fabriqué, soit au mètre de longueur ou au kilogramme de la trame introduite dans le tissu.

ARTICLE 2.

Tout fabricant, commissionnaire ou intermédiaire qui livrera des fils pour être bobinés, sera tenu d'inscrire, sur un livret spécial, appartenant à l'ouvrier et laissé entre ses mains :

1° Le poids brut et le poids net de la matière à travailler ;

2° Le numéro du fil ;

3° Le prix de façon , soit au kilogramme de matière travaillée, soit au mètre de longueur de cette même matière.

ARTICLE 3.

Le prix de façon sera indiqué en monnaie légale sur le livret par le fabricant, commissionnaire ou intermédiaire.

Toute convention contraire sera mentionnée par lui sur le livret.

ARTICLE 4.

L'ouvrage exécuté sera remis au fabricant , commissionnaire ou intermédiaire de qui l'ouvrier aura directement reçu la matière première.

Le compte de façon sera arrêté au moment de cette remise.

Toute convention aux deux paragraphes précédents sera mentionnée sur le livret par le fabricant, commissionnaire ou intermédiaire.

ARTCILE 5.

Le fabricant, commissionnaire ou intermédiaire inscrira sur un registre d'ordre toutes les mentions portées au livret spécial de l'ouvrier.

ARTICLE 6.

Le fabricant, commissionnaire ou intermédiaire tiendra constamment exposé aux regards, dans le lieu où se règlent habituellement les comptes entre lui et l'ouvrier :

1° Les instruments nécessaires à la vérification des poids et mesures ;

2° Un exemplaire de la présente loi en forme de placard.

ARTICCE 7.

A l'égard des industries spéciales auxquelles serait inapplicable la fixation du prix de façon, soit au mètre de tissu fabriqué, soit au mètre de longueur de la trame introduite dans le tissu, ou bien soit au kilogramme de matière travaillée,

soit au mètre de longueur de cette même matière, le pouvoir exécutif pourra déterminer un
autre mode, par des arrêtés en forme de règlements d'administration publique , après avoir
pris l'avis des chambres de commerce , des
chambres consultatives et des conseils de pru-
d'hommes, et, à leur défaut, des conseils de
préfecture.

Il pourra pareillement, par des arrêtés rendus
en la même forme, étendre les dispositions de
la présente loi aux industries qui se rattachent
au tissage et au bobinage.

En l'un et l'autre cas, ces arrêtés seront soumis à l'approbation de l'assemblée législative
dans les trois ans qui suivront leur promulgation.

ARTICLE 8.

Seront punis d'une amende de onze à quinze
francs :

1° Les contraventions aux articles 1, 2, 3, 5
et 6 ;

2° Les contraventions à la disposition finale
de l'article 4 et aux arrêtés pris en exécution de
l'article 7.

Il sera prononcé autant d'amendes qu'il aura été commis de contraventious distinctes.

ARTICLE 9.

Si dans les douze mois qui ont précédé la contravention, le contrevenant a encouru une condamnation pour infraction à la présente loi ou aux arrêtés pris en exécution de l'article 7 de cette loi, le tribunal peut ordonner l'insertion du nouveau jugement dans un journal de la localité aux frais du condamné.

LOI qui étend à la coupe du Velours de coton, ainsi qu'à la teinture, au blanchiement et à l'apprêt des étoffes, les dispositious de la Loi du 7 Mars 1850 concernant le Tissage et le Bobinage.

Du 21 Juillet 1856.

ARTICLE 2.

Tout fabricant, commissionnaire ou intermédiaire qui livre à un ouvrier une pièce d'étoffe pour être teinte, blanchie ou apprêtée, est tenu d'inscrire, au moment de la livraison, sur livre spécial appartenant à l'ouvrier, et laissé entre ses mains :

1° Les longueur, largeur et poids de la pièce à teindre, blanchir ou apprêter ;

2° Le prix de façon, soit au mètre de longueur de la pièce, soit au kilogramme de son poids.

ARTICLE 3.

Les articles 3, 4, 5, 6, 8 et 9 de la loi du 7 mars 1850 sont applicables à la coupe du velours de coton, ainsi qu'à la teinture au blanchiement et à l'apprêt des étoffes.

Ecoles de Filles et Salles d'asile

(DÉFAUT D'AUTORISATION).

Ordonnance du 23 Juin 1836.

ARTICLE 4.

Pour avoir le droit de tenir une école primaire de filles, il faudra avoir obtenu :

1· Un brevet de capacité, sauf le cas prévu par l'article 13 de la présente ordonnance ;

2° Une autorisation pour un lieu déterminé.

Refus de travaux sur l'exéeution des jugements criminels.

Loi du 22 Germinal an IV.

ARTICLE PREMIER.

Les commissaires du directoire exécutif près les tribunaux requerront les ouvriers, chacun à leur tour, de faire les travaux nécessaires pour l'exécution des jugements, à la charge de leur en faire compter le prix ordinaire.

ARTICLE 2.

Tout ouvrier qui refuserait de déférer à la réquisition desdits commissaires, sera condamné, la première fois, par voie de police simple, à un emprisonnement de trois jours ; et, en cas de récidive, il sera condamné, par voie de police correctionnelle, à un emprisonnement qui ne pourra être moindre d'une décade, ni excéder trente jours.

Fêtes et Dimanches

(INOBSERVATION DES)

Loi du 18 Novembre 1814.

ARTICLE PREMIER.

Les travaux ordinaires seront interrompus les dimanches et jours de fêtes reconnus par la loi de l'État.

ARTICLE 2.

En conséquence, il est défendu, lesdits jours : 1° aux marchands d'étaler et de vendre, les ais et volets des boutiques ouverts ; — aux colporteurs et étalagistes, de colporter et d'exposer en vente leurs marchandises dans les rues et places publiques ; — aux artisans et ouvriers de travailler extérieurement et d'ouvrir leurs ateliers ; — aux charretiers et voituriers employés à des services locaux, de faire des chargements dans les lieux publics de leur domicile.

ARTICLE 3.

Dans les villes dont la population est au-des-

5

sous de cinq mille âmes, ainsi que dans les
bourgs et villages, il est défendu aux cabaretiers,
marchands de vin, débitants de boissons, trai-
teurs, limonadiers, maîtres de paume et de bil-
lard, de tenir leurs maisons ouvertes et d'y donner à boire et à manger lesdits jours pendant
le temps de l'office.

ARTICLE 5.

Les contraventions seront jugées par les tribunaux de simple police, et punies d'une amende
qui, pour la première fois, ne pourra pas excéder cinq francs.

ARTICLE 6.

En cas de récidive, les contrevenants pourront être condamnés au maximum des peines de
police.

ARTICLE 7.

Les défenses précédentes ne sont pas applicables : 1° aux marchands de comestibles de
toute nature, sauf cependant l'exécution de l'article 3 ; 2° à tout ce qui tient au service de santé ;
3° aux postes, messageries et voitures publi-

ques ; 4° aux voitures de commerce par terre et par eau, et aux voyageurs ; 5° aux usines dont le service ne pourrait être interrompu sans dommage ; 6° aux ventes usitées dans les foires et fêtes dites *patronales*, et au débit des mêmes marchandises dans les communes rurales, hors le temps du service divin ; 6° au chargement des navires marchands et autres bâtiments du commerce maritime.

ARTICLE 8.

Sont également exceptés des défenses ci-dessus, les meuniers et les ouvriers employés : 1° à la moisson et aux autres récoltes ; 2° aux travaux urgents de l'agriculture ; aux constructions et réparations motivées par un péril imminent ; à la charge, dans ces derniers cas, d'en demander la permission à l'autorité locale.

ARTICLE 9.

L'autorité administrative pourra étendre les exceptions ci-dessus aux usages locaux.

Officiers de Santé.

Loi du 19 Ventôse an XI.

ARTICLE 29.

Les officiers de santé ne pourront s'établir que dans le département où ils auront été examinés par le jury, après s'être fait enregistrer. Ils ne pourront pratiquer les grandes opérations chirurgicales, que sous la surveillance et l'inspection d'un docteur, dans les lieux où celui-ci sera établi. Dans le cas d'accidents graves arrivés à la suite d'une opération exécutée hors de la surveillance et de l'inspection prescrites ci-dessus, il y aura recours à indemnité contre l'officier de santé qui s'en sera rendu coupable.

Loi sur les Livrets d'Ouvriers.

Du 22 Juin 1854.

ARTICLE PREMIER.

Les ouvriers de l'un et l'autre sexe attachés

aux manufactures, fabriques , usines, mines, minières, carrières, chantiers, ateliers et autres établissements industriels , ou travaillant chez eux pour un ou plusieurs patrons, sont tenus de se munir d'un livret.

ARTICLE 3.

Les chefs ou directeurs des établissements spécifiés en l'article 1er ne peuvent employer un ouvrier soumis à l'obligation prescrite par cet article, s'il n'est porteur d'un livret en règle.

ARTICLE 4.

Si l'ouvrier est attaché à l'établissement, le chef ou directeur doit , au moment où il le reçoit, inscrire sur son livret la date de son entrée.

Il transcrit sur un registre non timbré, qu'il doit tenir à cet effet, les noms et prénoms de l'ouvrier, le nom et le domicile du chef de l'établissement qui l'aura employé précédemment, et le montant des avances dont l'ouvrier serait resté débiteur envers celui-ci.

Il inscrit sur le livret, à la sortie de l'ouvrier,

la date de la sortie et l'acquit des engagements.

Il y ajoute, s'il y a lieu, le montant des avances dont l'ouvrier resterait débiteur envers lui, dans les limites fixées par la loi du 14 mai 1851.

ARTICLE 5.

Si l'ouvrier travaille habituellement pour plusieurs patrons, chaque patron inscrit sur le livret le jour où il lui confie de l'ouvrage, et transcrit, sur le registre mentionné en l'article précédent, les nom et prénoms de l'ouvrier et son domicile.

Lorsqu'il cesse d'employer l'ouvrier, il inscrit sur le livret l'acquit des engagements, sans aucune autre énonciation.

ARTCILE 8.

Dans tous les cas, il n'est fait aucune annotation favorable ou défavorable à l'ouvrier.

ARTICLE 11.

Les contraventions aux articles 1, 3, 4, 5 et 8 de la présente loi sont poursuivies devant le tribunal de simple police et punies d'une amende d'un à quinze francs, sans préjudice des dommages-intérêts, s'il y a lieu.

Il peut, de plus, être prononcé, suivant les circonstances, un emprisonnement d'un à cinq jours.

Police du Roulage et des Messageries publiques.

Loi des 30 Mai — 8 Juin 1851,

TITRE PREMIER.

Des conditions de la circulation des Voitures.

ARTICLE PREMIER.

Les voitures suspendues ou non suspendues, servant au transport des personnes ou des marchandises, peuvent circuler sur les routes nationales, départementales et chemins de grande communication, sans aucune condition de réglementation de poids ou de largeur des jantes.

ARTICLE 2.

Des règlements d'administration publique déterminent :

§ I. — *Pour toutes les voitures.*

1º La forme des moyeux, le maximum de la longueur des essieux, et le maximum de leur saillie au-delà des moyeux ;

2º La forme des bandes des roues ;

3º La forme des clous des bandes ;

4º Les conditions à observer pour l'emplacement et les dimensions de la plaque prescrites par l'article 3 ;

5º Le maximum du nombre des chevaux de l'attelage que peut comporter la police ou la libre circulation des routes ;

6º Les mesures à prendre pour régler momentanément la circulation pendant les jours de dégel, et les précautions à prendre pour la protection des ponts suspendus.

§ 2. — *Pour les voitures ne servant pas au transport des personnes :*

1º La longueur du chargement ;

2º La saillie des colliers des chevaux ;

3º Les modes d'enrayage ;

4º Le nombre des voitures qui peuvent être

réunies en un même convoi, l'intervalle qui doit rester libre d'un convoi à un autre, et le nombre de conducteurs exigé pour la conduite de chaque convoi ;

5° Les autres mesures de police à observer par les conducteurs, notamment en ce qui concerne le stationnement sur les routes, et les règles à suivre pour éviter et dépasser d'autres voitures.

Sont affranchies de toute réglementation de largeur de chargement les voitures de l'agriculture servant au transport des récoltes de la ferme aux champs et des champs à la ferme ou au marché.

§ 3. — *Pour les voitures de messageries.*

1° Les conditions relatives à la solidité et à la stabilité des voitures ;

2° Le mode de chargement, de conduite et d'enrayage des voitures ;

3° Le nombre des personnes qu'elles peuvent porter ;

4° La police des relais ;

5° Les autres mesures de police à observer par les conducteurs, cochers ou postillons, notamment pour éviter ou dépasser d'autres voitures.

ARTICLE 3.

Toute voiture circulant sur les routes nationales, départementales et chemins vicinaux de grande communication, doit être munie d'une plaque conforme au modèle prescrit par le règlement d'administration publique, rendu en vertu du N° 4 du premier § de l'article 2.

Sont exceptées de cette disposition :

1° Les voitures particulières destinées au transport des personnes, mais étrangères à un service public de messageries ;

2° Les malles-postes et autres voitures appartenant à l'administration des postes ;

3° Les voitures d'artillerie, charriots et fourgons appartenant aux départements de la guerre et de la marine.

Des décrets du Président de la République déterminent les marques distinctives que doivent porter les voitures désignées aux para-

graphes 2 et 3, et les titres dont leurs conducteurs doivent être munis.

4° Les voitures employées à la culture des
terres, au transport des récoltes, à l'exploitation des fermes, qui se rendent de la ferme aux
champs ou des champs à la ferme, ou qui
servent au transport des objets récoltés du lieu
où ils ont été recueillis jusqu'à celui où, pour
les conserver ou les manipuler, le cultivateur
les dépose ou les rassemble.

TITRE II.
De la Pénalité.

ARTICLE 4.

Toute contravention aux règlements rendus
en exécution des dispositions des N°ˢ 1, 2, 5
et 6 du premier paragraphe de l'art. 2, et des
N°ˢ 1, 2 et 3 du deuxième paragraphe du même
article, est punie d'une amende de cinq à
trente francs.

ARTICLE 5.

Toute contravention aux règlements rendus
en exécution des N°ˢ 4 et 5 du deuxième pa-

ragraphe de l'article 2, est punie d'une amende
de six à dix francs et d'un emprisonnement
de un à trois jours. En cas de récidive, l'a-
mende pourra être portée à quinze francs et
l'emprisonnement à cinq jours.

ARTICLE 6.

Toute contravention aux règlements rendus
en vertu du troisième paragraphe de l'art. 2,
est punie d'une amende de seize à deux cents
francs et d'un emprisonnement de six à dix
jours.

ARTICLE 7.

Tout propriétaire d'une voiture circulant sur
des voies publiques, sans qu'elle soit munie de
la plaque prescrite par l'article 3 et par les règlements rendus en exécution du N° 4 du premier paragraphe de l'article 2, sera puni d'une
amende de six à quinze francs, et le conducteur
d'une amende de un à cinq francs.

ARTICLE 8.

Tout propriétaire ou conducteur de voiture
qui aura fait usage d'une plaque portant un

nom ou domicile faux ou supposé , sera puni d'une amende de cinquante à deux cents francs et d'un emprisonnement de six jours au moins et de six mois au plus.

La même peine sera applicable à celui qui, conduisant une voiture dépourvue de plaque, aura déclaré un nom ou domicile autre que le sien , ou que celui du propriétaire pour le compte duquel la voiture est conduite.

ARTICLE 9.

Lorsque, par la faute, la négligence ou l'imprudence du conducteur, une voiture aura causé un dommage quelconque à une route ou à ses dépendances, le conducteur sera condamné à une amende de trois à cinquante francs.

Il sera, de plus, condamné aux frais de réparation.

ARTICLE 10.

Sera puni d'une amende de seize à cent francs, indépendamment de celle qu'il pourrait avoir encourue pour toute autre cause , tout voiturier ou conducteur qui, sommé de s'arrêter par l'un des fonctionnaires ou agents chargés de constater les contraventions, refuserait d'obtempérer à cette sommation, et de se soumettre aux vérifications prescrites.

ARTICLE 11.

Les dispositions du livre 3, titre Ier, chapitre 3, section 4, paragraphe 2 du Code pénal, sont applicables en cas d'outrages et de violences envers les fonctionnaires ou agents chargés de constater les délits et contraventions prévus par la présente loi.

ARTICLE 12.

Lorsqu'une même contravention ou un même délit prévus aux articles 4, 7 et 8 a été constaté à plusieurs reprises, il n'est prononcé qu'une seule condamnation, pourvu qu'il ne se soit pas écoulé plus de vingt-quatre heures entre la première et la dernière constatation.

Lorsqu'une même contravention ou un même délit prévu à l'article 6 a été constaté à plusieurs reprises pendant le parcours d'un même relai, il n'est prononcé qu'une seule condamnation.

Sauf les exceptions mentionnées au présent

article, lorsqu'il aura été dressé plusieurs procès-verbaux de contravention, il sera prononcé
autant de condamnations qu'il y aura eu de contraventions constatées.

ARTICLE 13.

Tout propriétaire de voiture est responsable
des amendes, des dommages et intérêts et des
frais de réparation prononcés en vertu des
articles du présent titre, contre toute personne
préposée par lui à la conduite de sa voiture.

Si la voiture n'a pas été conduite par ordre ou
pour le compte du propriétaire, la responsabilité est encourue par celui qui a préposé le
conducteur.

ARTICLE 14.

Les dispositions de l'article 463 du Code
pénal sont applicables dans tous les cas où les
tribunaux correctionnels ou de simple police
prononcent en vertu de la présente loi.

TITRE III.

De la Procédure.

ARTICLE 15.

Sont spécialement chargés de constater les

contraventions et délits prévus par la présente
loi, les conducteurs, agents-voyers, cantonniers,
chefs et autres employés du service des ponts
et chaussées ou des chemins vicinaux de grande
communication, commissionnés à cet effet, les
gendarmes, les gardes-champêtres, les employés
des contributions indirectes, agents forestiers
ou des douanes, et employés des poids et mesures ayant droit de verbaliser, et les employés
des octrois ayant le même droit.

Peuvent également constater les contraventions et les délits prévus par la présente loi,
les maires et adjoints, les commissaires et agents
assermentés de police, les ingénieurs des ponts
et chaussées, les officiers et sous-officiers de
gendarmerie, et toute personne commissionnée
par l'autorité départementale pour la surveillance et l'entretien des voies de communication.

Les dommages prévus à l'article 9 sont cons-
tatés, pour les routes nationales et départementales, par les ingénieurs, conducteurs et autres
employés des ponts et chaussées commission-

nés à cet effet, et pour les chemins de grande communication, par les agents-voyers, sans pré. judice du droit réservé à tous les fonctionnaires et agents mentionnés au présent article de dresser procès-verbal du fait de dégradation qui aurait lieu en leur présence.

Les procès-verbaux, dressés en vertu du présent article, font foi jusqu'à preuve contraire.

ARTICLE 16.

Les contraventions prévues par les articles 4 et 6 ne peuvent, en ce qui concerne les voitures publiques allant au trot, être constatées qu'au lieu de départ, d'arrivée, des relais et stations desdites voitures, ou aux barrières d'octroi, sauf toutefois celles qui concernent le nombre des voyageurs, le mode de conduite des voitures, la police des conducteurs, cochers ou postillons, et les modes d'enrayage.

ARTICLE 17.

Les contraventions prévues par les articles 4 et 9 sont jugées par le conseil de préfecture du département où le procès-verbal a été dressé.

6

Tous les autres délits et contraventions pré-vus par la présente loi sont de la compétence des tribunaux.

ARTICLE 18.

Les procès-verbaux rédigés par les agents mentionnés au paragraphe 1er de l'article 15 ci-dessus, doivent être affirmés dans les trois jours, à peine de nullité, devant le juge de paix du canton ou devant le maire de la commune, soit du domicile de l'agent qui a verbalisé, soit du lieu où la contravention a été constatée.

ARTICLE 19.

Les procès-verbaux doivent être enregistrés en débet dans les trois jours de leur date ou de leur affirmation, à peine de nullité.

ARTICLE 20.

Toutes les fois que le contrevenant n'est pàs domicilié en France, la voiture est provisoire-ment retenue, et le procès-verbal est immédia-tement porté à la connaissance du maire de la commune où il a été dressé, ou de la commune la plus proche sur la route que suit le prévenu.

Le maire arbitre provisoirement le montant de l'amende, et, s'il y a lieu, des frais de réparation, et il ordonne la consignation immédiate, à moins qu'il ne lui soit présenté une caution solvable.

A défaut de consignation ou de caution, la voiture est retenue jusqu'à ce qu'il ait été statué sur le procès-verbal. Les frais qui en résultent sont à la charge du propriétaire.

Le contrevenant est tenu d'élire domicile dans le département du lieu où la contravention a été constatée : à défaut d'élection de domicile, toute notification lui sera valablement faite au secrétariat de la commune dont le maire aura arbitré l'amende ou les frais de réparation.

ARTICLE 21.

Lorsqu'une voiture est dépourvue de plaque et que le propriétaire n'est pas connu, il est procédé conformément aux trois premiers paragraphes de l'article précédent.

Il en est de même dans le cas de procès-verbal dressé à raison de l'un des délits prévus par l'article 8.

Il sera procédé de la même manière à l'égard de tout conducteur de voiture de roulage ou de messageries, inconnu dans le lieu où il serait pris en contravention, et qui ne serait pas régulièrement muni d'un passeport, d'un livret ou d'une feuille de route, à moins qu'il ne justifie que la voiture appartient à une entreprise de roulage ou de messageries, ou qu'il ne résulte des lettres de voiture ou des autres papiers qu'il aurait en sa possession, que la voiture appartient à celui dont le domicile serait indiqué sur la plaque.

ARTICLE 22.

Le procès-verbal est adressé, dans les deux jours de l'enregistrement, au sous-préfet de l'arrondissement.

Le sous-préfet le transmet, dans les deux jours de sa réception, au préfet, s'il s'agit d'une contravention de la compétence des conseils de préfecture, ou au procureur de la République, s'il s'agit d'une contravention de la compétence des tribunaux.

ARTICLE 23.

S'il s'agit d'une contravention de la compétence du conseil de préfecture, copie du procès-verbal, ainsi que de l'affirmation quand elle est prescrite, est notifiée avec citation par la voie administrative, au domicile du propriétaire tel qu'il est indiqué sur la plaque, ou tel qu'il a été déclaré par le contrevenant, et, quand il y a lieu, à celui du conducteur.

Cette notification a lieu dans le mois de l'enregistrement, à peine de déchéance.

Le délai est étendu à deux mois lorsque le contrevenant n'est pas domicilié dans le département où la contravention a été constatée ; il est étendu à un an lorsque le domicile du contrevenant n'a pu être constaté au moment du procès-verbal.

Si le domicile du conducteur est resté inconnu, toute notification qui lui est faite au domicile du propriétaire est valable.

ARTICLE 24.

Le prévenu est tenu de produire, dans le délai de trente jours, ses moyens de défense devant le conseil de préfecture.

Ce délai court à compter de la date de la notification du procès-verbal ; mention en est faite dans ladite notification.

A l'expiration du délai fixé, le conseil de préfecture prononce, lors même que les moyens de défense n'auraient pas été produits.

Son arrêté est notifié au contrevenant dans la forme administrative, dix jours au moins avant toute exécution. Si la condamnation a été prononcée par défaut, la notification faite au domicile énoncé sur la plaque est valable.

L'opposition à l'arrêt rendu par défaut devra être formée dans le délai de quarante jours, à compter de la date de la notification.

ARTICLE 25.

Le recours au conseil d'État contre l'arrêté du conseil de préfecture peut avoir lieu par simple mémoire déposé au secrétariat général de la préfecture ou à la sous-préfecture, et sans l'intervention d'un avocat au conseil d'État.

Il sera déclaré au déposant récépissé du mémoire qui devra être immédiatement transmis par le préfet.

Si le recours est formé au nom de l'administration, il devra l'être dans les trois mois de la date de l'arrêté.

ARTICLE 26.

L'instance, à raison des contraventions de la compétence des conseils de préfecture, est périmée par six mois, à compter du dernier acte des poursuites, et l'action publique est éteinte à moins de fausses indications sur la plaque ou de fausse déclaration en cas d'absence de plaque.

ARTICLE 27.

Les amendes se prescrivent par une année, à compter de la date de l'arrêté du conseil de préfecture, ou à compter de la décision du conseil d'État, si le pourvoi a eu lieu.

En cas de fausses indications sur la plaque, ou de fausses déclarations de nom ou de domicile, la prescription n'est acquise qu'après cinq années.

ARTICLE 28.

Lorsque le procès-verbal constatant le délit

où la contravention a été dressé par l'un des
agents désignés au § 1er de l'article 15, le tiers
de l'amende prononcée appartient audit agent,
à moins qu'il ne s'agisse d'une contravention
ou d'un délit prévu aux articles 10 et 11.

Les deux autres tiers sont attribués, soit au
Trésor public, soit au département, soit aux
communes intéressées, selon que la contravention ou le dommage concerne une route na-
tionale, une route départementale, ou un che-
min vicinal de grande communication. Il en est
de même du total des frais de réparation réglés
en vertu de l'article 9, ainsi que du total de
l'amende, lorsqu'il n'y a pas lieu d'appliquer
les dispositions du § 1er du présent article.

TITRE IV.

ARTICLE 29.

Sont et demeurent abrogés à dater de la promulgation de la présente loi :

La loi du 29 floréal an X (19 mai 1802), re-
lative à la police du roulage ;

La loi du 7 ventôse an XII (27 février 1804) ;

Le décret du 23 juin 1806 ;

Ainsi que toutes les autres dispositions contraires à celles de la présente loi.

**Décret portant règlement sur la Police
du Roulage et des Messageries publiques.**

Du 10 Août 1852.

TITRE PREMIER.

Dispositions applicables à toutes les voitures.

ARTICLE PREMIER.

Les essieux de voitures ne pourront avoir
plus de deux mètres cinquante centimètres
($2^m,50$) de longueur, ni dépasser à leurs extré-
mités le moyeu de plus de six centimètres (0^m06).

La saillie des moyeux, y compris celle de
l'essieu, n'excèdera pas plus de douze centimètres ($0^m,12$), le plan passant par le bord extérieur des bandes. Il est accordé une tolérance
de deux centimètres ($0^m,02$) sur cette saillie,
pour les roues qui ont déjà fait un certain service.

ARTICLE 2.

Il est expressément défendu d'employer des clous à tête de diamant. Tout clou de bande sera rivé à plat, et ne pourra, lorsqu'il sera posé à neuf, former une saillie de plus de cinq millimètres ($0^m,005$).

ARTICLE 3.

Il ne peut être attelé :

1° Aux voitures servant au transport des marchandises, plus de cinq chevaux si elles sont à deux roues ; plus de huit si elles sont à quatre roues, sans qu'il puisse y avoir plus de cinq chevaux de file ;

2° Aux voitures servant au transport des personnes, plus de trois chevaux si elles sont à deux roues ; plus de six si elles sont à quatre roues.

ARTICLE 4.

Lorsqu'il y aura lieu de transporter des blocs de pierre , des locomotives ou d'autres objets d'un poids considérable, l'emploi d'un attelage exceptionnel pourra être autorisé, sur l'avis des ingénieurs ou des agents-voyers, par les préfets des départements traversés.

Les prescriptions de l'article 3 ne sont pas applicables sur les parties de routes ou de chemins vicinaux de grande communication affectées de rampes d'une déclivité ou d'une longueur exceptionnelle.

ARTICLE 5.

Les limites de ces parties de routes ou de chemins sur lesquelles l'emploi de chevaux de renfort est autorisé sont déterminées par un arrêté du préfet, sur la proposition de l'ingénieur en chef ou de l'agent-voyer en chef du département, et indiquées sur place par des poteaux portant cette inscription : *Chevaux de renfort.*

Pour les voitures marchant avec relais réguliers et servant au transport des personnes ou des marchandises, la faculté d'atteler des chevaux de renfort s'étend à toute la longueur des relais dans lesquels sont placés les poteaux.

L'emploi de chevaux de renfort peut être autorisé temporairement sur les parties de routes ou chemins de grande communication, lorsque par suite de travaux de réparation ou d'autres circonstances accidentelles, cette mesure sera nécessaire. Dans ce cas, le préfet fera placer des poteaux provisoires.

ARTICLE 6.

En temps de neige ou de verglas, les prescriptions relatives à la limitation du nombre des chevaux demeurent suspendues.

ARTICLE 7.

Le ministre des travaux publics détermine les départements dans lesquels il pourra être établi, sur les routes nationales et départementales, des barrières pour restreindre la circulation pendant le temps de dégel.

Les préfets, dans chaque département, déterminent les chemins de grande communication sur lesquels ces barrières pourront être établies.

Ces barrières seront fermées et ouvertes en vertu d'arrêtés du sous-préfet, pris sur l'avis de l'ingénieur d'arrondissement ou de l'agent-voyer. Ces arrêtés seront affichés et publiés à la diligence des maires.

Dès que la fermeture des barrières aura été
ordonnée, aucune voiture ne pourra plus sortir
de la ville, du bourg ou du village dans lequel elle se trouvera. Toutefois, les voitures
qui seront déjà en marche pourront continuer
leur route jusqu'au gîte le plus voisin, où elles
seront tenues de rester jusqu'à l'ouverture des
barrières. Pour n'être point inquiétés dans leur
trajet, les propriétaires ou conducteurs de ces
voitures prendront un laisser-passer du maire.

Le jour de l'ouverture des barrières et le len-
demain, les voitures ne pourront partir du lieu
où elles auront été retenues que deux à la fois
et à un quart-d'heure d'intervalle. Le maire ou
son délégué présidera au départ, qui aura lieu
dans l'ordre suivant lequel les voitures se seront fait inscrire à leur arrivée dans la commune.

Le service des barrières sera fait par des
agents désignés à cet effet par les ingénieurs
ou par les agents-voyers.

Toute voiture prise en contravention aux dispositions du présent article sera arrêtée, et les

chevaux seront mis en fourrière dans l'auberge
la plus rapprochée; le tout sans préjudice de
l'amende stipulée à l'article 4 titre II de la loi
du 30 mai 1851, et des frais de réparation
mentionnés dans l'article 9 de ladite loi.

Peuvent circuler pendant la fermeture des
barrières du dégel :

1° Les courriers de la malle ;

2° Les voitures de voyage suspendues, étrangères à toute entreprise publique de messageries ;

3° Les voitures non chargées ;

4° Sur les chaussées pavées , les voitures
chargées, mais attelées seulement d'un cheval
si elles sont à deux roues, et de deux chevaux
si elles sont à quatre roues ;

5° Sur les chaussées empierrées, les voitures chargées, mais attelées seulement de deux
chevaux si elles sont à deux roues, et de trois
chevaux si elles sont à quatre roues.

ARTICLE 8.

Pendant la traversée des ponts suspendus, les
chevaux seront mis au pas ; les voituriers ou rou-

liers tiendront les guides ou cordeaux ; les conducteurs et les postillons resteront sur leur
siége.

Défense est faite aux rouliers et autres voituriers de dételer aucun de leurs chevaux pour le
passage du pont.

Toute voiture attelée de plus de cinq chevaux ne doit pas s'engager sur le tablier d'une
travée, quand il y a déjà sur cette travée une
voiture d'un attelage supérieur à ce nombre
de chevaux.

Pour les ponts suspendus qui n'offriraient pas
toutes les garanties nécessaires pour le passage
des voitures lourdement chargées, il pourra
être adopté par le ministre des travaux publics
ou par le ministre de l'intérieur, chacun en
ce qui le concerne', telles autres dispositions
qui seront jugées nécessaires.

Dans les circonstances urgentes, les préfets
et les maires pourront prendre telles mesures
que leur paraîtra commander la sûreté publique, sauf à en rendre compte à l'autorité supérieure,

Les mesures prescrites pour la protection des ponts suspendus seront, dans tous les cas, placardées à l'entrée et à la sortie de ces ponts.

ARTICLE 9.

Tout roulier ou conducteur de voiture doit se ranger à sa droite, à l'approche de toute autre voiture, de manière à lui laisser libre au moins la moitié de la chaussée.

ARTICLE 10.

Il est interdit de laisser stationner sans nécessité sur la voie publique aucune voiture attelée ou non attelée.

TITRE II.

Dispositions applicables aux voitures ne servant pas au transport des personnes.

ARTICLE 11.

La largeur du chargement des voitures qui ne servent pas au transport des personnes ne peut excéder deux mètres cinquante centimètres (2^m,50). Toutefois, les préfets des départements

traversés peuvent délivrer des permis de circulation pour les objets d'un grand volume qui ne
seraient pas susceptibles d'être chargés dans ces
conditions.

Sont affranchies , conformément à la loi du
30 mai 1851, de toute réglementation de largeur
de chargement, les voitures d'agriculture lorsqu'elles sont employées au transport des récoltes
de la ferme aux champs, et des champs à la
ferme ou au marché.

ARTICLE 12.

La largeur des colliers des chevaux ou autres
bêtes de trait ne peut dépasser quatre-vingt-dix
centimètres (0ᵐ,90), mesurés entre les points les
plus saillants des pattes des attelles.

ARTICLE 13.

Lorsque plusieurs voitures marchent à la suite
les unes des autres, elles doivent être distri-
buées en convois de quatre voitures au plus si
elles sont à quatre roues et attelées d'un seul
cheval ; de trois voitures au plus si elles sont à
deux roues et attelées d'un seul cheval ; et de

deux voitures au plus si l'une d'elles est attelée de plus d'un cheval.

L'intervalle d'un convoi à l'autre ne peut être
moindre de cinquante mètres.

ARTICLE 14.

Tout voiturier ou conducteur doit se tenir
constamment à portée de ses chevaux ou bêtes
de trait et en position de les guider.

Il est interdit de faire conduire par un seul
conducteur plus de quatre voitures à un cheval
si elles sont à quatre roues, et plus de trois voitures à un cheval si elles sont à deux roues.

Chaque voiture attelée de plus d'un cheval
doit avoir un conducteur. Toutefois, une voiture dont le cheval est attaché derrière une voiture attelée de quatre chevaux au plus n'a pas
besoin d'un conducteur particulier.

Les règlements de police municipale déter-
mineront, en ce qui concerne la traversée des
villes, bourgs et villages, les restrictions qui
peuvent être apportées aux dispositions du présent article et de celui qui précède.

ARTICLE 15.

Aucune voiture marchant isolément ou en tête d'un convoi ne pourra circuler pendant la nuit sans être pourvue d'un fallot ou d'une lanterne allumée.

Cette disposition pourra être appliquée aux voitures d'agriculture par des arrêtés des préfets ou des maires.

ARTICLE 16.

Tout propriétaire de voiture ne servant pas au transport des personnes est tenu de faire placer, en avant des roues et au côté gauche de sa voiture, une plaque métallique portant, en caractères apparents et lisibles ayant au moins cinq millimètres ($0^m,005$) de hauteur, ses nom, prénoms et profession, le nom de la commune, du canton et du département de son domicile.

Sont exceptées de cette disposition, conformément à la loi du 30 mai 1851 :

1° Les voitures particulières destinées au transport des personnes, mais étrangères à un service public de messageries ;

2° Les malles-postes et autres voitures appartenant à l'administration des postes ;

3° Les voitures d'artillerie, chariots et fourgons appartenant aux départements de la guerre et de la marine.

Des décrets du Président de la République déterminent les marques distinctives que doivent porter les voitures désignées aux paragraphes 2 et 3, et les titres dont leurs conducteurs doivent être munis ;

4° Les voitures employées à la culture des terres, au transport des récoltes, à l'exploitation des fermes, qui se rendent de la ferme aux champs ou des champs à la ferme, ou qui servent au transport des objets récoltés du lieu où ils ont été recueillis jusqu'à celui où, pour les conserver ou les manipuler, le cultivateur les dépose ou les rassemble.

TITRE III.

Dispositions applicables aux voitures des messageries.

ARTICLE 17.

Les entrepreneurs de voitures publiques allant

à destination fixe déclareront le siége principal de leur établissement, le nombre de leurs voitures, celui des places qu'elles contiennent, le lieu de destination, les jours et heures de départ et d'arrivée. Cette déclaration sera faite, dans le département de la Seine, au préfet de police, et dans les autres départements aux préfets ou sous-préfets.

Ces formalités ne sont obligatoires pour les entrepreneurs actuels qu'au renouvellement de leurs voitures, ou lorsqu'ils en modifieront la forme ou la contenance.

Tout changement aux dispositions arrêtées par suite du premier paragraphe du présent article donnera lieu à une déclaration nouvelle.

ARTICLE 18.

Aussitôt après les déclarations faites en vertu des paragraphes 1 et 2 de l'article précédent, le préfet ou le sous-préfet ordonne la visite des voitures, afin de constater si elles sont entièrement conformes à ce qui est prescrit par les articles ci-après, de 19 à 29 inclusivement, et si elles ne présentent aucun vice de construction qui puisse occasionner des accidents. Cette visite, qui pourra être renouvelée toutes les fois que l'autorité le jugera nécessaire, sera faite en présence du commissaire de police, par un expert nommé par le préfet ou le sous-préfet.

L'entrepreneur a la faculté de nommer, de son côté, un expert pour opérer contradictoirement avec celui de l'administration.

La visite des voitures ne peut être faite qu'à l'un des principaux établissements de l'entreprise ; les frais sont à la charge de l'entrepreneur.

Le préfet prononce sur le vu du procès-verbal d'expertise et du rapport du commissaire de police.

Aucune voiture ne peut être mise en circulation avant l'autorisation du préfet.

ARTICLE 19.

Le préfet transmet au directeur des contributions indirectes copie, par extrait, des autorisations par lui accordées, en vertu de l'article précédent.

L'estampille prescrite par l'article 117 de la loi du 25 mars 1817, n'est délivrée que sur le vu de cette autorisation, qui doit être inscrite sur un registre spécial.

ARTICLE 20.

La largeur de la voie pour les voitures pu. bliques est fixée au minimum à un mètre soixante-cinq centimètres (1^m,65) entre le milieu des jantes de la partie des roues reposant sur le sol.

Toutefois, si les voitures sont à quatre roues, la voie de devant pourra être réduite à un mètre cinquante-cinq centimètres (1^m,55).

En pays de montagnes, les entrepreneurs peuvent être autorisés, sur l'avis des ingénieurs et des agents-voyers, à employer des largeurs de voies moindres que celles réglées par les paragraphes précédents, mais à la condition que les voies seront au moins égales à la voie la plus large des voitures en usage dans la contrée.

ARTICLE 21.

La distance entre les axes des deux essieux,

dans les voitures publiques à quatre roues ,
sera égale au moins à la moitié de la longueur
des caisses mesurées à la hauteur de leur cein-
ture, sans pouvoir néanmoins descendre au-
dessous de un mètre cinquante-cinq centimètres ($1^m,55$).

ARTICLE 22.

Le maximum de la hauteur des voitures publiques, depuis le sol jusqu'à la partie la plus
élevée du chargement, est fixé à trois mètres
(3^m) pour les voitures à quatre roues, et à deux
mètres soixante centimètres ($2^m,60$) pour les
voitures à deux roues.

Il est accordé pour les voitures à quatre roues
une augmentation de dix centimètres ($0^m,10$) ,
si elles sont pourvues à l'avant-train de sassoi-
res et contre-sassoires formant chacune au moins
un demi-cercle de un mètre quinze centimètres
($1^m,15$) de diamètre, ayant la cheville ouvrière
pour centre.

Lorsque, par application du troisième paragraphe de l'article 20, on autorisera une ré-
duction dans la largeur de la voie, le rapport

de la hauteur de la voiture avec la largeur de la voie sera, au maximum de un trois-quarts.

Dans tous les cas, la hauteur est réglée par une traverse en fer placée au milieu de la longueur affectée au chargement, et dont les montants, au moment de la visite prescrite par l'article 17, sont marqués d'une estampille constatant qu'ils ne dépassent pas la hauteur voulue ; ils doivent, ainsi que la traverse, être constamment apparents.

La bâche qui recouvre le chargement ne peut déborder ces montants ni la hauteur de la traverse.

Il est défendu d'attacher aucun objet en dehors de la bâche.

ARTICLE 23.

Les compartiments des voitures publiques seront disposés de manière à satisfaire aux conditions suivantes :

Largeur moyenne des places, quarante-huit centimètres ($0^m,48$).

Largeur des banquettes, quarante-cinq centimètres ($0^m,45$).

Distance entre deux banquettes, quarante-cinq centimètres (0ᵐ,45).

Distance entre la banquette du coupé et le devant de la voiture, trente-cinq centimètres (0ᵐ,35).

Hauteur du pavillon au-dessus du fond de la voiture, un mètre quarante centimètres (1ᵐ,40).

Hauteur des banquettes, y compris le coussin, quarante centimètres (0ᵐ,40).

Pour les voitures parcourant moins de vingt kilomètres et pour les banquettes à plus de trois places, la largeur moyenne des places pourra être réduite à quarante centimètres (0ᵐ,40).

ARTICLE 24.

Il peut être placé sur l'impériale une banquette destinée au conducteur et à deux voyageurs, ou à trois voyageurs lorsque le conducteur se placera sur le même siége que le cocher.

Cette banquette, dont la hauteur y compris le coussin, ne dépassera pas trente centimètres (0ᵐ,30), ne peut être recouverte que d'une capote flexible.

Aucun paquet ne peut être chargé sur cette banquette.

ARTICLE 25.

Le coupé et l'intérieur auront une portière de chaque côté.

La caisse de derrière ou la rotonde peut n'avoir qu'une porte ouverte à l'arrière.

Chaque portière sera garnie d'un marchepied.

ARTICLE 26.

Les essieux seront en fer corroyé, de bonne qualité, et arrêtés à chaque extrémité, soit par un écrou assujetti au moyen d'une clavette, soit par une boîte à huile, fixée par quatre boulons traversant la longueur du moyeu, soit par tout autre système qui sera approuvé par le ministre des travaux publics.

ARTICLE 27.

Toute voiture publique doit être munie d'une machine à enrayer agissant sur les roues de derrière et disposée de manière à pouvoir être manœuvrée de la place assignée au conducteur.

Les voitures doivent en outre être pourvues d'un sabot et d'une chaîne d'enrayage, que le conducteur placera à chaque descente rapide.

Les préfets peuvent dispenser de l'emploi de ces appareils les voitures qui parcourent uniquement des pays de plaine.

ARTICLE 28.

Pendant la nuit, les voitures publiques seront éclairées par une lanterne à réflecteur placée à droite et à l'avant de la voiture.

ARTICLE 29.

Chaque voiture porte à l'extérieur, dans un endroit apparent, indépendamment de l'estampille délivrée par l'administration des contributions indirectes, le nom et le domicile de l'entrepreneur, et l'indication du nombre de places de chaque compartiment.

ARTICLE 30.

Elle porte à l'intérieur des compartiments : 1° le numéro de chaque place ; 2° le prix de

la place depuis le lieu de départ jusqu'à celui d'arrivée.

L'entrepreneur ne peut admettre dans les
compartiments de ses voitures un plus grand
nombre de voyageurs que celui indiqué sur
les panneaux, conformément à l'article 29.

ARTICLE 31.

Chaque entrepreneur inscrit sur un registre
coté et paraphé par le maire le nom des voyageurs qu'il transporte; il y inscrit également
les ballots et paquets dont le transport lui est
confié.

Il remet au conducteur, pour lui servir de
feuille de route , une copie de cet enregistrement, et à chaque voyageur un extrait en ce qui
le concerne avec le numéro de sa place.

ARTICLE 32.

Les conducteurs ne peuvent prendre en route
aucun voyageur, ni recevoir aucun paquet, sans
en faire mention sur les feuilles de route qui
leur ont été remises au point de départ.

ARTICLE 33.

Toute voiture publique dont l'attelage ne présentera de front que deux rangs de chevaux pourra être conduite par un seul postillon ou un seul cocher.

Elle devra être conduite par deux postillons ou par un cocher et un postillon, lorsque l'attelage comportera plus de deux rangs de chevaux.

ARTICLE 34.

Les postillons ou cochers ne pourront, sous aucun prétexte, descendre de leurs chevaux ou de leurs siéges.

Il leur est enjoint d'observer, dans les traversées des villes et des villages, les règlements de police concernant la circulation dans les rues.

Dans les haltes, le conducteur et le postillon ne peuvent quitter en même temps la voiture tant qu'elle reste attelée.

Avant de remonter sur son siége, le conducteur doit s'assurer que les portières sont exactement fermées.

ARTICLE 35.

Lorsque, contrairement à l'article 9 du présent décret, un roulier ou conducteur de voiture n'aura pas cédé la moitié de la chaussée à une voiture publique, le conducteur ou postillon qui aurait à se plaindre de cette contravention devra en faire la déclaration à l'officier de police le plus rapproché, en faisant connaître le nom du voiturier d'après la plaque de sa voiture.

Les procès-verbaux de contravention seront sur-le-champ transmis au procureur de la République, qui fera poursuivre les délinquants.

ARTICLE 36.

Les entrepreneurs de voitures publiques, autres que celles conduites par les maîtres de poste, feront, à Paris, à la préfecture de police, et dans les départements, à la préfecture ou sous-préfecture du lieu où sont établis leurs relais, la déclaration du lieu où ces relais sont situés et du nom des relayeurs.

Une déclaration semblable sera faite chaque

fois que les entrepreneurs traiteront avec un
nouveau relayeur.

ARTICLE 37.

Les relayeurs ou leurs préposés seront pré-
sents à l'arrivée et au départ de chaque voiture, et s'assureront par eux-mêmes , et sous
leur responsabilité, que les postillons ne sont
pas en état d'ivresse.

La tenue des relais, en tout ce qui intéresse
la sûreté des voyageurs, est surveillée , à Paris,
par le préfet de police , et dans les départements par les maires des communes où ces
relais se trouvent établis.

ARTICLE 38.

Nul ne peut être admis comme postillon ou
cocher, s'il n'est âgé de seize ans au moins et
porteur d'un livret délivré par le maire de la
commune de son domicile, attestant ses bonnes vie et mœurs et son aptitude pour le métier qu'il veut exercer.

ARTICLE 39.

A chaque bureau de départ et d'arrivée, et

à chaque relai, il y a un registre coté et paraphé par le maire, pour l'inscription des plain-
tes que les voyageurs peuvent avoir à former
contre les conducteurs, postillons ou cochers.
Ce registre est présenté aux voyageurs à toute
réquisition par le chef de bureau ou par le
relayeur.

Les maîtres de poste qui conduisent des voitures publiques présentent, aux voyageurs qui le
requièrent, le registre qu'ils sont obligés de tenir d'après les règlements des postes.

ARTICLE 40.

Les dispositions qui précèdent ne sont pas applicables aux malles-postes destinées au trans-
ports de la correspondance du Gouvernement et
du public, la forme, les dimensions, le chargement et le mode de conduite de ces voitures
étant déterminés par des règlements particuliers.

Les voitures des entrepreneurs qui transpor-
tent les dépêches ne sont pas considérées comme
malles-postes.

ARTICLE 41.

Les voitures publiques qui desservent les routes des pays voisins, et qui partent des villes
frontières ou qui y arrivent, ne sont pas sou-
mises aux règles ci-dessus prescrites. Elles
doivent, toutefois, être solidement construites.

ARTICLE 42.

Les articles ci-dessus , de 16 à 38, seront
constamment placardés, à la diligence des entrepreneurs des voitures publiques , dans le
lieu le plus apparent des bureaux et des relais.

Les articles de 28 à 38 inclusivement seront imprimés à part et affichés dans l'intérieur
de chacun des compartiments des voitures.

Code d'Instruction criminelle.

ARTICLE 157.

Les témoins qui ne satisferont pas à la citation
pourront y être contraints par le tribunal qui,
à cet effet, et sur la réquisition du ministère

public, prononcera dans la même audience, sur
le premier défaut, l'amende, et, en cas d'un
second défaut, la contrainte par corps.

Travail des Enfants.

Loi du 22 Mars 1841.

ARTICLE PREMIER.

Les enfants ne pourront être employés que
sous les conditions déterminées par la présente
loi : — 1° Dans les manufactures, usines et ateliers à moteur mécanique ou à feu continu, et
dans leurs dépendances ; — 2° Dans toute fa-
brication occupant plus de vingt ouvriers réu-
nis en atelier.

ARTICLE 2.

Les enfants devront, pour être admis, avoir
au moins huit ans. — De huit à douze ans, ils
ne pourront être employés au travail effectif plus
de huit heures sur vingt-quatre, divisés par un
repos. — De douze à seize ans, ils ne pourront
être employés au travail effectif plus de douze
heures sur vingt-quatre divisés par un repos.

— Ce travail ne pourra avoir lieu que de cinq heures du matin à neuf heures du soir. — L'âge des enfants sera constaté par un certificat délivré sur papier non timbré, et sans frais, par l'officier de l'état-civil.

ARTICLE 3.

Tout travail entre neuf heures du soir et cinq heures du matin est considéré comme travail de nuit. — Tout travail de nuit est interdit pour les enfants au-dessous de treize ans. — Si la conséquence du chômage d'un moteur hydraulique ou des réparations urgentes l'exigent, les enfants au-dessus de treize ans pourront travailler la nuit, en comptant deux heures pour trois entre neuf heures du soir et cinq heures du matin. — Un travail de nuit des enfants ayant plus de treize ans, pareillement supputé, sera toléré, s'il est reconnu indispensable, dans les établissements à feu continu dont la marche ne peut pas être suspendue pendant le cours de vingt-quatre heures.

ARTICLE 4.

Les enfants au-dessous de seize ans ne pourront être employés les dimanches et jours de fêtes reconnues par la loi.

ARTICLE 5.

Nul enfant âgé de moins de douze ans ne pourra être admis qu'autant que ses parents ou tuteur justifieront qu'il fréquente actuellement une école publique ou privée de la localité. Tout enfant admis, devra, jusqu'à l'âge de douze ans , suivre une école. — Les enfants âgés de plus de douze ans sont dispensés de suivre une école , lorsqu'un certificat , donné par le maire de leur résidence, attestera qu'ils ont reçu l'instruction primaire élémentaire.

ARTICLE 7.

Les règlements d'administration publique pourront : — 1° Etendre à des manufactures, usines ou ateliers, autres que ceux qui sont mentionnés dans l'article 1er, l'application des dispositions de la présente loi ; — 2° Elever le minimum de l'âge et réduire la durée du travail déterminés dans les articles deuxième et troisième , à l'égard des genres d'industrie où le labeur des enfants excèderait leurs for-

ces et compromettrait leur santé ; — 3° Déterminer les fabriques où, pour cause de danger
ou d'insalubrité , les enfants au-dessous de
seize ans , ne pourront point être employés ;
— 4° Interdire aux enfants, dans les ateliers
où ils sont admis, certains genres de travaux
dangereux ou nuisibles; — 5° Statuer sur les
travanx indispensables à tolérer de la part des
enfants, les dimanches et fêtes, dans les usines à feu continu ; — 6° Statuer sur les cas
de travail de nuit prévus par l'article 3.

ARTICLE 12.

En cas de contravention à la présente loi ou
aux règlements d'administration publique rendus pour son exécution , les propriétaires ou
exploitants des établissements seront traduits
devant le juge de paix du canton et punis
d'une amende de simple police, qui ne pourra
excéder quinze francs. — Les contraventions
qui résulteront, soit de l'admission d'enfants
au-dessous de l'âge, soit de l'excès de travail,
donneront lieu à autant d'amendes qu'il y aura
d'enfants indûment admis ou employés, sans

que ces amendes réunies puissent s'élever au-dessus de deux cents francs. — S'il y a ré-cidive, les propriétaires ou exploitants seront traduits devant le tribunal de police correc-tionnelle et condamnés à une amende de seize à cent francs. — Dans les cas prévus par le paragraphe second du présent article, les amen-des réunies ne pourront jamais excéder cinq cents francs. — Il y aura récidive lorsqu'il aura été rendu contre le contrevenant, dans les douze mois précédents, un premier juge-ment pour contravention à la présente loi ou aux règlements d'administration qu'elle auto-rise.

Voies de fait et Violences légères.

Loi du 3 Brumaire an IV.

ARTICLE 605.

Sont punis des peines de simple police :
Les auteurs de rixes, attroupements inju

rieux ou nocturnes, voies de fait et violences légères, pourvu qu'ils n'aient blessé ni frappé personne, et qu'ils ne soient pas notés, d'après les dispositions de la loi du 19 juillet 1791, comme gens sans aveu, suspects ou mal intentionnés , auquel cas ils ne peuvent être jugés que par le tribunal correctionnel,

ARTICLE 606.

Le tribunal de police gradue, selon les circonstances, et le plus ou moins de gravité du délit, les peines qu'il est chargé de prononcer, sans néanmoins qu'elles puissent, en aucun cas, ni être au-dessous d'une amende de la valeur d'une journée de travail ou d'un jour d'emprisonnement, ni s'élever au-dessus de la valeur de trois journées de travail ou de trois jours d'emprisonnement.

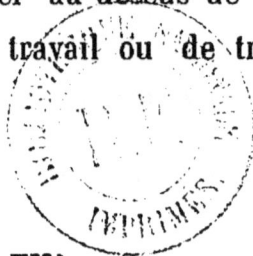

FIN.

TABLE ANALYTIQUE
Des Contraventions divisées par Classes.

Deuxième classe.

Pages.

Article 475 du Code Pénal.

(Voir art. 478 Code pénal pour les cas de récidive.)

Troisième classe.

Quatrième hors classe.

Quatrième hors classe *(Suite)*.

Quatrième hors classe *(Suite)*.

BREST. — IMPRIMERIE J.-P. GADREAU, RAMPE 55.